“El carácter del gaucho es, con frecuencia, digno de consideración. Es muy hospitalario; en su rancho, el viajero siempre encontrará una bienvenida amistosa al ser recibido con sorprendente dignidad natural.”

Francis Bond Head, 1826

Otros títulos de la colección

En Español
El Mate
El Tango
Argentina Natural
La Cocina Argentina

En Inglés
The Mate
The Tango
The Gaucho
Argentine Nature
Argentine Cookery

Diseño: Christian le Comte y Sophie le Comte

Hecho el depósito que previene la ley 11.723
I.S.B.N. 987-9479-00-9
Editado por Maizal
Muñiz 438, B1640FDB, Martínez
Buenos Aires Argentina
email: lecomte@cvtci.com.ar

Impreso en enero de 2001.
Impreso por Morgan Internacional.

Mónica Gloria Hoss de le Comte

El Gaucho

MAIZAL
EDICIONES

El Gaucho

"El gaucho es el señor de todo lo que mira." (Haigh)

Anónimo (1852)

El gaucho, cantado en la poesía gauchesca como la personificación de la libertad, del coraje, la hospitalidad, es el resultado de un largo proceso.

En el siglo XVII se habla del jinete de la pampa, como un personaje sin oficio que cabalga libremente por los campos; le alcanza con tener un buen caballo, un poncho abrigado, un filoso facón, un poco de yerba y la interminable llanura que le despierta la sed de horizonte.

Todos los viajeros lo describen como un personaje fascinante. "Aman la libertad y se distinguen por su dignidad pícara e independiente." (Hinchliff)

"Con frío o con calor, el peón itinerante descansa tranquilamente bajo la bóveda del cielo, su cama es la tierra; su poncho, su manta; su recado, su almohada." (Gillespie)

Cuando las colonias comienzan a comerciar con carne y cuero, el gaucho se emplea en las vaquerías (primitivas estancias). Con su facón, su lazo y sus boleadoras, arreaba las grandes manadas, domaba, faenaba, cuereaba, separaba el sebo y preparaba el cuero y el charqui.

A principios del siglo XIX, los gauchos fueron obligados a unirse al ejército para luchar en las guerras de la independencia y así se convierte en el ejemplo de un pueblo: asombran por su coraje, su fortaleza y su lealtad, por aguantar privaciones sin quejarse, por su orgullo y su amor a la libertad.

"La mayoría de ellos trabaja duramente sin comer hasta que la noche anuncia el tiempo de descanso; se sientan entonces, perezosamente, cerca del fuego donde se asa la carne, mientras el cigarrillo adorna sus caras curtidas al sol; y si puedo juzgar por mi experiencia, diría que pasan la noche muy tranquilamente en su cuarto en la estancia donde se atiborran pacíficamente de carne y mate." (Hinchliff)

** Los nombres entre paréntesis se refieren a los autores cuyos libros figuran en la bibliografía en la página 33.*

"Tienen poca barba y no se afeitan jamás, del color del cobre, son corpulentos y su pelo largo flota sobre sus hombros, tienen cara y nariz chatas y viven sobre el caballo siempre y cuando no duerman, coman o estén entretenidos con el juego." (Gillespie)

"El gaucho puede ser definido como un centauro porque sin su caballo es una impracticabilidad." (Hutchinson)

Hoy la pampa ha sido alambrada y el gaucho se ha convertido en el paisano del campo argentino.

Muchos viajeros han escrito sobre el gaucho y se han admirado de sus habilidades:

"El gaucho ha sido acusado por mucha gente de ser indolente; quien visite su rancho, lo encontrará apoyado contra la puerta, cruzado de brazos, con su poncho echado sobre su hombro, como si fuera una capa española; su rancho medio en ruinas, podría convertirse en un lugar más confortable si empleara unas horas de trabajo; en un clima excelente, no tiene ni frutas ni verduras; rodeado de ganado, no tiene leche, vive sin pan y no tiene otro alimento que carne y agua y, si entonces se compara su vida con la de un campesino inglés, se lo puede acusar de indolencia, pero esta comparación no se puede aplicar y la acusación es injusta y cualquiera que viva con el gaucho, y lo acompañe en su tabajo, verá que no es para nada indolente, para su sorpresa verá que no puede acompañarlo en una vida de tanta fatiga. Es verdad que el gaucho no tiene lujos, pero el rasgo que lo distingue es su personalidad sin necesidades. Acostumbrado a vivir al aire libre, a dormir en el suelo, no ve porque un par de agujeros en su rancho le quiten comodidad. No es que no le guste la leche, pero prefiere no tenerla a tener que buscarla todos los días. Podría, es verdad, hacer queso, y venderlo, pero si tiene un buen recado y afiladas espuelas, no considera que el dinero tenga mucho valor, en realidad está contento con su suerte y si se piensa que con el aumento de las comodidades del hombre no hay manera de estar contento alguna vez, uno puede aceptar que hay tanto de capricho como de filosofía en la determinación del gaucho de vivir sin necesidades. La vida que él lleva es ciertamente más noble que si trabajara como esclavo de la mañana a la noche para conseguir alimento para su cuerpo y ropa para cubrirlo...El carácter del gaucho es, con frecuencia, digno de consideración. Él es siempre hospitalario; en su rancho, el viajero encontrará una bienvenida amistosa al ser rescibido con sorprendente dignidad natural que uno quizá no espere en un rancho de apecto tan miserable." (Head)

La palabra gaucho, que tenía una connotación más bien negativa hasta principios del siglo XIX, se refiere hoy en día a un héroe popular, cantado por muchos poetas como el jinete de la pampa, orgulloso de su estirpe, y apegado a su campo interminable. José Hernández describió al gaucho en el Martín Fierro, el poema épico más famoso de la Argentina.

"En vano buscamos al patán rural en la República Argentina, su campesino es un caballero de la naturaleza, simple y supersticioso con un intrínseco amor por el canto y además dócil a su influencia; existe entre ellos una raza de trovadores, siempre bienvenidos como invitados, que festejan, acompañándose melancólicamente con su guitarra, los hechos tan gloriosos para ellos como fueron los hechos de los héroes homéricos para los bardos de antaño." (White)

"Educado, atento, hábil, un amigo seguro, siempre y cuando se lo trate con consideración." (White)

Mate

"Como la antigua costumbre de nuestro país, de recibir con vino a las visitas, aquí se invita con mate, en una calabaza ornamentada de acuerdo con la moda o la fortuna del anfitrión, y para evitar la interferencia con las hojas de yerba, una bombilla de oro, plata o plomo pasada por un pequeño agujero en la tapa del mate y perforada en la parte inferior por la que asciende el líquido a la boca." *(Gillespie)*

Mate de plata (siglo XVIII)

Rancho

"El rancho es construido con barro y se lo cubre con largos pastos amarillos; como los materiales son el producto de la tierra, su color se funde tanto con los colores del campo, que muchas veces es muy difícil distinguirlo." (Head)

P. Pueyrredón (1823-1870)

Asado

El gaucho no tenía otro alimento que carne y agua; su pasión fue el asado.

"El gran acontecimiento del día fue el festín de la carne con cuero, el manjar del país y para ello se carneó un toro elejido especialmente. La comida consiste en un pedazo grande del costillar del animal, asado con su cuero, para que la carne conserve así todo el jugo y la escencia a la perfección. El cuero por supuesto se arruina y el cuero es lejos la parte más valiosa del vacuno en el Río de la Plata. Sólo en ocasiones muy especiales se permiten este lujo.

Fernando Brambila (1798)

Los peones estaban ocupados en asarlo sobre un fuego con madera y el humo casi me ahoga cuando entré en la incómoda cocina. Al final entraron el asado. No se necesitaba ningún plato, la carne medía aproximadamente una yarda cuadrada, y estaba en su propia piel sobre la mesa. Había algo homérico en el festín, los héroes de la Ilíada y la Odisea deben haber comido su carne como lo hicimos nosotros en Entre Ríos, y no me sorprende que se nutrieran con él." *(Hinchliff)*

"Cuando el asado está listo, el instinto de la bestia salvaje parece asirlos, porque dividen y agarran un gran pedazo de carne entre sus dientes y su mano izquierda y bajan el inmenso facón con un golpe seco cerca de la nariz; cortan y tragan pedazo tras pedazo y el corte es tan justo, que un extraño teme constantemente, que el órgano nasal pueda ser incluido en el sacrificio."*(White)*

"Los peones son excelentes jinetes, y hemos observado a menudo, que, galopando, tiraban las riendas sobre el cuello del caballo, sacaban del bolsillo una bolsa de tabaco suelto y con un pedazo de papel, o una chala de maíz indio, hacían un cigarrillo, luego sacaban el pedernal y el eslabón y lo encendían." (Head)

Las "pilchas" del gaucho

Juan León Pallière (1823-1887)

"La vestimenta autóctona consiste en un par de calzoncillos sueltos, trabajados en su parte inferior y con un borde de flecos sobre el que se usa una prenda llamada chiripá que tiene la forma de un mantón. Las dos puntas de este mantón se ajustan con una faja alrededor de la cintura y la parte central cuelga como una bolsa, formando una especie de pantalón suelto. El chiripá, tejido a rayas en colores fuertes, puede ser de cualquier tela: lana, algodón o alpaca, pero los más elegantes, son los negros con bordes colorados, que quedan muy bién sobre un par de calzoncillos blancos y con una camisa colorada. Las botas de cuero con bordes colorados o verdes son usadas para las grandes ocasiones, pero las botas comunes, para todos los días, son de cuero sin teñir, hechas de las patas traseras de las yeguas. El corvejón forma el talón, y la pata se corta justo sobre el espolón asi que, cuando la piel ha sido cortada hasta la parte alta de la pierna, se la puede usar como si fuera un guante. El pelo se quita raspando y la bota es frotada con la mano hasta que se ablanda como cabritilla. El dedo del pie queda por supuesto al aire; si se quiere, la bota puede ser cosida pero generalmente se ve asomar un dedo largo y marrón. Las botas son atadas sobre la pantorrilla con ligas, porque nunca se ajustan perfectamente." *(Seymour)*

"Como el gaucho no tiene bolsillos en su ropa, siempre usa un cinturón ancho con bolsillos, llamado tirador, donde lleva todo lo que necesita: tabaco, papel para cigarrillos, pedernal y eslabón, su largo cuchillo pasado por atrás; y con un pañuelo atado flojamente alrededor de su cuello, o de su cabeza debajo del sombrero, sus boleadoras atadas en la parte frontal de su recado, o alrededor de su cintura y su lazo enrollado detrás, su traje está completo." *(Seymour)*

*"El **poncho** es una manta de lana con un tajo en el medio por donde pasa la cabeza y cuelga a ambos lados hasta las muñecas." (Brackenridge)*

R. Q. Monvoisin (1790-1870)

El recado del gaucho

Las riendas se hacen de cuero retorcido o trenzado y son tan flexibles como una soga de seda porque se les pone grasa constantemente.

El recado es para el gaucho "cama durante la noche y armario durante el día."

"La silla de montar autóctona o recado es un gran peso que se pone sobre el caballo: todos sus componentes juntos pesan a menudo más de sesenta libras. Este peso varía de acuerdo con el gusto y medios de su dueño. La gran ventaja sobre la montura inglesa es que si durante el viaje uno tiene un buen recado y un poncho, siempre se tiene la cama lista para pasar la noche. La mayoría de los extranjeros sin embargo cabalga en una silla normal, llevando la ropa de cama enrollada delante suyo, ya que un recado no es cómodo si uno no lleva la vestimenta nativa. El recado está compuesto por varias pieles de oveja puestas directamente sobre la piel del animal. Sobre éstas se ponen dos caronas de cuero crudo y una de cuero curtido que ha sido a menudo adornada con un diseño hecho con un hierro caliente. Las caronas tienen aproximadamente cuatro pies de

"...el gaucho, que no tiene necesidades y es pobre entre riquezas inagotables, es el hijo de la despreocupación, con comida o sin ella, con lugar donde guarecerse o sin él, un cigarrillo, un poco de mate (té paraguayo), una comida al día cocinada al aire libre, sin pan y sin vegetales, y su guitarra a la noche, le alcanza para estar contento, pero si uno le agrega además un traje dominguero y pilchas de plata para su caballo, su orgullo y felicidad no tienen límites, cuando corcovea en la pampa, habiendo llegado al sumum de su ambición, no se puede presentar una estampa más vívida de la satisfacción humana." (White)

largo y dos de ancho con una división en el medio para colgar a ambos lados del lomo del animal; sobre éstas se apoya el recado, que en realidad es la montura en si: está hecha de madera, cubierta de lana, con una punta adelante y otra atrás que a menudo no son otra cosa que dos largos rollos de paja cubiertos de cuero, puestos a lo largo de cada lado del lomo del caballo. Toda esta parafernalia se ajusta con una faja ancha de cuero llamada cincha. La cincha está hecha en dos partes, una pasa por la parte superior del recado, y la otra, más larga, pasa por debajo del caballo. Las dos partes, a las que se le han puesto dos fuertes aros de hierro, son ajustadas por un pedazo de cuero llamado correa. El caballo puede ser fuertemente cinchado de esta manera, lo que es verdaderamente muy necesario, porque el lazo se ata a un aro que ha sido unido a la parte superior de la cincha y con este aro, se atan también las carretas, y no del cuello del caballo... Sobre la cincha se pone el cojinillo hecho de lana de algún color. Para los trabajos normales se ponen dos o tres pieles de oveja sobre el recado, que se ajustan por medio de una tira angosta de cuero llamada cinchón.... Sobre el cojinillo se pone generalmente una pequeña pieza de cuero bien blanda, puede ser la piel de un carpincho, de un zorro, una vizcacha, etc, y que se llama sobrepuesto" *(Seymour)*

Este freno llamado "de candado" tiene en su centro una gran argolla que lo hace más potente.

Espuelas de plata

J. M. Rugendas (1802-1858)

P. Pueyrredón (1823-1870)

Facón

"Entre las necesidades de la vida al aire libre está el largo cuchillo que el gaucho lleva en la parte de atrás de la cintura. Lo usa para toda tarea concebible, desde cortar un palo hasta vengar un insulto." *(Woodbine)*

"Las reuniones en las pulperías pocas veces terminan sin disputas, a menudo apelando al formidable facón, llevado por todos en una vaina enchapada en la parte posterior del tirador; lo usan con mucha destreza pero raramente, aunque la pelea fuera extrema, dan muerte a alguien. Reciben y dan, eso si, horribles cuchilladas en la cara y son pocos los gauchos que alcanzan la tumba sin llevar largos costurones en sus rostros." *(White)*

Lazo

Estribos de plata siglo XIX

Chifle Cuerno de vaca usado para llevar agua.

"El lazo es una soga hecha de cueros trenzados que se mantiene flexible gracias a la aplicación de grasa. En una de las puntas se le ata un fuerte anillo de hierro por el que se pasa la otra punta del lazo y así se lo ajusta fuertemente a la cincha del recado. A esta soga, de unas doce yardas de largo, se la tiene enrollada en una mano, mientras que el nudo corredizo, en la medida que se necesite, en la otra. Al acercarse al toro, el lazo es revoleado sobre la cabeza haciendo girar la muñeca para que no se enrede y luego el lazo entero es arrojado sobre el animal. El tirador está tan seguro de su tiro que puede enlazar al animal por sus cuernos, alguna de sus patas o la cola si quiere. Se necesita una gran rapidez del ojo para tirar del lazo en el momento justo." *(Hinchliff)*

*"La **cincha** tiene un aro de hierro muy fuerte sujetado a uno de sus lados para poder soportar toda la presión del lazo. Los gauchos son muy diestros con el lazo, pero poco podrían hacer con él, si dependieran solamente de la mano para aguantar la fuerza de un animal a toda carrera; teniendo la otra punta amarrada al aro, el peso y la resistencia del caballo equilibran las fuerzas." (Hinchliff)*

Juan León Pallière (1823-1887)

Boleadoras

Adolphe D'Hastrel (1805-1875)

"Las boleadoras, que se usan para cazar caballos salvajes, ñandúes o ciervos están formadas por dos grandes bolas de madera o piedra forradas de cuero y atadas a dos tiras también de cuero de un mismo largo, que varía entre tres y cuatro pies; en la punta de estas dos tiras, se ata una tercera tira con una bola más pequeña en la punta. Esta bola se tiene en la mano cuando las boleadoras se revolean sobre la cabeza y son tiradas por el gaucho a todo galope hacia el animal que quiere capturar. El objetivo es tirar las boleadras contra las patas traseras de la presa, y que, a causa del movimiento de su paso, queden firmemente enredadas y el prisionero caiga al suelo. Las boleadoras de plomo o hierro se usan para cazar ñandúes y ciervos." *(Seymour.)*

"La boleadoras son dos bolas, un poco más grandes que las bolas de billar, atadas por medio de dos correas de cuero y arrojadas con la mano usando otra correa atada a ellas. El gaucho hace girar las boleadoras sobre su cabeza antes de arrojarlas y es tan hábil al hacerlo, que el animal, que puede ser un caballo, una vaca o un ñandú, es derribado inmediatamente." *(Hutchinson)*

Ñandú
Viaje del Beagle de Charles Darwin (1831)

Juan M. Blanes (1830-1901) "El capataz"

Florian Paucke (1719-1779)

Las habilidades del gaucho

Los gauchos eran muy hábiles en rastrear una huella y tenían un sentido especial para encontrar el camino durante la noche (rastreador).

Los gauchos eran guías excelentes (baqueanos) y a menudo se los enviaba para llevar mensajes con rapidez (chasqui).

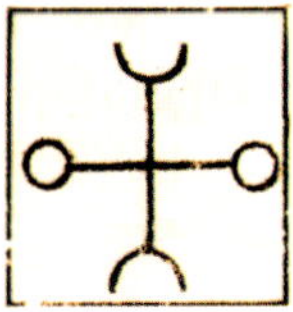

Marca de ganado

"La yerra en Sudamérica es uno de los grandes acontecimientos del año y es, creo yo, uno de las situaciones más apasionantes relacionadas con la vida de un colono,...y el gaucho, con su aspecto tan pintoresco, haciendo girar el lazo sobre su cabeza, y tirándolo sin errar su objetivo, le agrega una fiereza indescriptible a la escena.

El ganado no está casi nunca en los corrales sino que está acostumbrado a volver durante la noche al rodeo, un lugar amplio donde duerme. Es aquí que se marca el ganado.

Cuando empieza la yerra anual, se informa a los estancieros vecinos, para que se acerquen con sus peones a retirar los animales que puedan haberse mezclado con la manada. El ganado es reunido, y los peones comienzan entonces a enlazar a las bestias más jóvenes para marcarlas. Cuando se ha elegido una, el peón le tira el lazo sobre los cuernos, una tarea nada fácil si se piensa que el animal es joven y sus cuernos son cortos; pero se puede gobernar mejor al animal enlazändolo por los cuernos, que si se lo enlaza por el cuello. Un ternero muy joven, por supuesto, debe ser enlazado por el cuello, porque no tiene cuernos.

Tan pronto como la bestia está firmemente enlazada, se acerca otro peón y le enlaza las patas traseras, una operación mucho más dificil aún.

Se lo acarrea entonces hasta el fuego, donde se están calentando los fierros con las marcas, los dos peones cabalgan en sentido opuesto y así el pobre animal es arrojado al suelo. Los hombres que están al lado del fuego, lo toman y mientras uno le mantiene la cabeza firmemente agarrada, el otro le aplica la

marca. Se suelta entonces el lazo alrededor de la cabeza y el animal se incorpora y sale a toda carrera hacia la manada mientras todavía tiene sus patas traseras atadas por el lazo. El peón cabalga detrás de él para permitir que se afloje el lazo que finalmente cae. Inmediatamente después, se selecciona la próxima víctima." *(Seymour)*

Cesar Hipólito Bacle
(1794-1838)
"La yerra"

Doma

"La manera de domar un potro es muy simple. La tropilla es llevada al corral y el potro que debe ser domado, es enlazado por el cuello, luego otro lazo es tirado alrededor de sus patas delanteras con lo que es derribado. Se le manean las patas delanteras y se ata el recado, la silla de montar autóctona. Se le pone entonces un pedazo de cuero dentro de la boca que será usado como freno y a éste se le atan las riendas. Luego se le pone el bozal unido a una larga soga de cuero trenzada. Después de esto, el potro se vuelve a parar y se le quitan las maneas. El hombre toma firmemente la soga que tendrá unos veinte pies de largo y deja que el potrillo corra libremente aunque de vez en cuando, le da unos tirones a la soga. Después de repetir esto algunas veces, el domador se apresta a montar, se saca las botas, se ata su pañuelo a su cabeza, se arremanga sus calzoncillos hasta la rodilla para poder sujetarse bién con las piernas y mientras uno

"Era divertido ver las piruetas de los caballos, saltaban y bailaban en todas direcciones." (Head)

Carlos Morel (1913-1894) "El gaucho y sus armas" 1841

Emeric Essex Vidal (1791-1861) "Chasqui"

de los peones sostiene la cabeza del potro, salta sobre la montura sin tocar los estribos. Luego los toma, entre su dedo gordo y el próximo, un sistema bastante doloroso para cualquiera, menos para el gaucho, (los estribos comunmente no son otra cosa que un botón). Después de ubicarse y cuando está listo para empezar, le grita "¡largue!" a su copmpañero. A veces el potro sale caminando lentamente como si estuviera muy extrañado de tener a una persona sobre su espalda y no se resiste, pero generalmente sale galopando, con su cabeza cerca del piso corcoveando tan violentamente que desmontaría a cualquier jinete sin experiencia. Pero el domador toma la situación con tranquilidad y se queda sentado firmemente durante todo el proceso. Después de media hora de galope, se trae al potro de vuelta, parcialmente dominado y se lo deja atado durante unas horas, para recibir entonces su segunda lección. Esto se repite durante una semana...cuando se lo considera lo suficientemente manso se le pone el freno de hierro dentro de su boca y el caballo se ha convertido en un redomón.y sólo cuando está totalmente domado se lo llama caballo." *(Seymour)*

Juan Manuel Blanes
(1830-1901)
"La doma"

Emeric Essex Vidal
(1791-1861)
"Boleando ñandúes"

J. M. Rugendas
(1802-1858)
"Peón carretero"

Carretas

Las carretas eran enormes carros de dos ruedas usadas para las largas travesías.

"Siempre viajan muchas carretas juntas, para defenderse, pues de otro modo correrían el riesgo de ser atacados por los indios de la pampa que habitan la planicie cerca de su camino. Suelen ser tiradas por seis bueyes, dos de ellos llevan el pértigo de la carreta y los otros están atados por sogas de cuero que sustiyuyen a las correas. El carrero guía las yuntas con una caña larga con una púa en un extremo para los bueyes de adelante, otra para la yunta central y los que van en el pértigo son aguijoneados con una vara corta... Las ruedas de las carretas son muy altas y el orden cerrado en que se mantiene su línea de marcha les permite formar un círculo ante cualquier ataque repentino." *(Gillespie)*

"La manera en que los carreros guían las carretas es verdaderamente extraordinaria. El campo que está en un total estado natural, es cortado por arroyos, pantanos y ríos que deben ser cruzados. A veces el carromato, aunque parezca extraño, pasa un lago que, por supuesto, no es demasiado profundo. La costa de los ríos es bastante empinada y siempre pensé que cualquier oficial en Europa sin dudar, hubiese dado parte de terreno intransitable."

(Head)

Baqueano

"Como puede imaginarse, el gaucho, que vive toda su vida en la pampa, está dotado de una asombrosa facultad de encontrar el camino y de guiar a los otros, aunque el lugar se encuentre a cincuenta leguas y no existan hitos ni marcas, él se dirige como una paloma. Como toda la gente del campo, tiende a subestimar las distancias pero hasta en las noches más oscuras es capaz de saber donde hay agua y si ésta es dulce o salada.."
(White)

Carlos Morel
(1813-1894)
"Carretas"

Las diversiones del gaucho
La pulpería

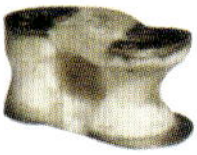

Taba
La taba es un juego de azar jugado en la pampa. Se usa el hueso astrágalo del vacuno y la suerte depende de la manera en que cae la taba.

"Jugar es su vida, su alma y toda su existencia."
Hutchinson, 1861

En las pulperías los gauchos se divierten con sus pasatiempos favoritos: riñas de gallos, juego del pato, cartas, taba, sortija, carreras de caballos. Allí también tienen la oportunidad de encontrarse con gente, de bailar, cantar, beber y pelear.
Las pulperías están en el medio del campo y aquí se encuentran con extraños y conocidos, y toman caña. Aqui se divierten con cartas, música, canciones y bailes y rápidamente se excitan con su instinto de competencia. Una disputa puede ser el resultado de un juego de cartas, o el corazón de una mujer y una palabra filosa se responde a menudo con un cuchillo filoso. A veces inclusive las dulces musas son la

Juan Manuel Blanes (1830-1901) "La taba"

causa de una pelea, cuando dos rivales entusiastas prueban su talento en una improvisación, acompañados por una tintineante guitarra.
Verso tras verso se recitan alternadamente y los asistentes se interesan vivamente en la competencia de los bardos, que posiblemente se han entusiasmado con el licor. Al final uno empieza a cantar contra el otro, mofándose que él no puede seguir y que ha perdido, la ira agranda la confusión del poeta fracasado y entre los gritos de los espectadores, es obligado a callarse. Hirviendo de rabia, Apolo tira la lira contra el piso, y se transforma en el dios de la guerra. "Caramba!" grita "puede ser que me ganes con esto pero prueba esto", largos cuchillos brillan en la luz."
(Hinchliff)

P. Pueyrredón (1823-1870) "La pulpería"

Juan León Pallière (1823-1887) "Pulpería"

Carreras de caballos

Sortija
"La corrida de la sortija es el juego favorito del gaucho en los días de fiesta. Se juega de la siguiente manera: un pequeño anillo es suspendido de un hilo, y los jinetes con un palo corto en la mano, se le acercan a toda velocidad y tratan de llevar el anillo con la punta del palo; esto por supuesto requiere gran habilidad y el arremetedor exitoso es recibido con aplausos, y recibe además el anillo como premio a su habilidad"
(Seymour)

"Las apuestas no son siempre por dinero, porque hay poco, pero caballos, ovejas, ganado, un recado, riendas y adornos de plata para el caballo, cambian de mano."
(White)

"Las carreras de caballos son el pasatiempo favorito de la gente de Buenos Aires pero por la manera en que se organizan, no resultan demasiado deportivas para un inglés. No hay carrera más larga que media milla pero la distancia más común es de dos cuadras, o trescientas yardas y la carrera se decide en una sóla prueba. Sin embargo, para compensar esto, largan la carrera más de veinte veces. Después de recorrer unas

pocas yardas, vuelven a largar hasta que se ponen de acuerdo que la largada ha sido pareja. Lo que nosotros llamamos jockeyship no existe aquí o no se practica. Jamás se habla de juego sucio exceptuando cuando se tiran entre ellos del caballo, lo que está permitido si se logra hacer, pero con jinetes tan expertos esto es extremadamente dificil y nadie lo intenta. Montan sin montura, sin látigo o espuelas y sólo tienen riendas sin el freno, es así como el espíritu y la velocidad del caballo se muestran en buena lid." *(Vidal)*
"Las carreras de caballos no son en si una prueba de velocidad y resistencia del animal, sino el objetivo es ganar las apuestas puestas en juego. Nunca hay más de dos caballos en una de estas competencias, pero cientos de dólares pueden cambiar de manos en esta ocasión." *(Hutchinson)*

La pampa

"Al principio el galopar constante confunde la cabeza y al desmontar he estado a menudo tan mareado, que apenas me podía mantener en pie, pero el sistema lentamente se acostumbra y la vida se convierte en lo más agradable que uno se pueda imaginar.
Es agradable por su variedad y por el estímulo a la reflexión ordenada. En el gris de la mañana, mientras el aire aún esta lleno de escarcha y es fresco, mientras el ganado parece salvaje y asustado, y cuando todo el rostro de la Naturaleza está radiante de juventud e inocencia, uno se permite aquellos sentimientos y especulaciones en que, bien o mal, es tan agradable equivocarse; pero el calor del día, y la fatiga del cuerpo, lentamente llaman a la mente a la razón; antes de que baje el sol, muchas opiniones han sido corregidas, y como en el atardecer de la vida, uno contempla con tranquilo arrepentimiento las remotas locuras de la mañana." *(Head)*
"El sol era tan abrasador, que a menudo nadé con mi caballo para refrescarme, y luego me lancé a todo galope del otro lado del río y no puedo describir la fabulosa sensación de libertad e independencia que uno tiene al galopar sin ropa sobre un caballo sin montura." *(Head)*

Emeric Essex Vidal (1791-1861) "Carreras"

P. Pueyrredón (1823-1870) "Recorriendo la estancia"

Ombú

"El ombú es un árbol verdaderamente muy singular y como es el único representanre del árbol en esta inmensa planicie y habiendo muchas supersticiones curiosas relacionadas con él, parece ser un romance en si mismo. Pertenece a la rara familia Phytolacca y

"Observé muchos árboles lindísimos que daban excelente sombra, diseminados aquí y allá sobre la planicie. No podía explicar como se habían salvado de la desvastación y me informaron que este árbol llamado umbú, *es tan blando y poroso, y tiene tanta savia o agua, que no se puede quemar aunque haya estado cortado durante mucho tiempo." (Brackenridge)*

tiene un inmenso tronco de cuarenta o cincuenta pies en algunos casos, al mismo tiempo su madera es tan blanda y esponjosa que pueda ser cortada con un cuchillo y no sirve como leña porque cortada no seca nunca sino que se pudre como un melón maduro. Crece lentamente y sus hojas verde oscuras, grandes y brillantes son venenosas. Quizá desaparezca como el pasto de la pampa en la misma región." *(Hudson)*

J. M. Blanes (1830-1901) "La taba" (Detail) "Entre dos luces"

Estancia

"La vida en la estancia es la más independiente quizá en la faz de la tierra. El europeo, acostumbrado a estrictas limitaciones de todos lados, percibe todo en escala mayor, la tierra no tiene límites salvo la bóveda celeste, las inmensas manadas y rebaños, la riqueza que crece sin restricción, la abundancia de caballos, la exhuberancia de la caza, la bienvenida libre y hospitalaria, la ausencia de formalidades, de ataduras para la iniciativa o control de movimiento, y el inmenso silencio, todo esto lo impresiona tanto que por primera vez en la vida empieza a experimentar lo que es la libertad y bebe hasta el final el trago excitante, después de esto la presión de la vida en la ciudad se convierte en algo insoportable." *(Whïte)*

Glosario

Asado: carne a la parilla (11).
Baqueano: guía (20, 25).
Boleadoras: bolas de madera o piedra unidas entre sí usadas como arma (19).
Calzoncillos: calzones usados debajo del chiripá (12).
Caña: aguardiente de caña de azúcar (26).
Caronas: pieza de suela usada en la montura (14).
Carpincho: mamífero roedor.
Charqui: tasajo (7).
Chasqui: correo urgente (20).
Chiripá: pantalones (12).
Cincha: pieza del recado (15).
Cojinillo: pieza del recado hecha de lana (15).
Estancia: establecimiento de campo (31).
Facón: cuchillo largo (16).
Malón: ataque de indios (8).
Manea: cuero para inmovilizar las patas del caballo (22).
Mate: té del Paraguay (10).
Ombú: árbol de la Pampa (30).
Pampa: (quichua) llanura (29).
Peón: trabajador rural.
Pulpería: almacén y taberna en medio del campo (26).
Rancho: choza campesina con paredes de barro (10).
Rastra: pieza comunmente de plata usada para ajustar el tirador
Rastreador: gaucho que sabe seguir la huella (20).
Recado: montura criolla (14).
Soga: tira larga de cuero (22).
Sortija: juego (28).
Taba: juego de azar en el que se usa un hueso de vaca (26).
Tirador: cinturón ancho de cuero donde se ajusta el facón (12).
Vaquería: estableciminetos rurales primitivos (7).
Yerra: marcado de ganado (20).

Bibliografía

Brackenridge, H. M., *Voyage to Buenos Ayres,* London, 1820
Caldcleugh, A., *Travels in South America,* London, 1825
Gillespie, A., *Gleanings and Remarks,* Leeds, 1818
Head, F. B., *Rough Notes,* London, 1828
Hinchliff, T. W., *South American Sketches,* London, 1863
Hudson, W. H., *Far Away and Long Ago,* London, 1918
Hutchinson, T., *South American Recollections,* London 1868
Seymour, R. A., *Pioneering in the Pampas,* London, 1869
Vincent, F., *Around and About South America,* New York, 1895
White, E. W., *Cameos from Silverland,* 1881

D'Òrbigny (1847)

Índice

El Gaucho 7

Mate 10

Asado 11

Las “pilchas” del gaucho 12

El recado del gaucho 14

Facón y Lazo 16

Boleadoras 19

Las habilidades del gaucho 20

Doma 22

Carretas 25

Las diversiones del gaucho 26

La pulpería 26

Carreras de caballos 28

La pampa 29

Ombú 30

Estancia 31

Glosario 32